从田野里长出的诗

祁筱慈 著

国文出版社
·北京·

图书在版编目（CIP）数据

从田野里长出的诗 / 祁筱慈著. -- 北京：国文出版社，2025. -- ISBN 978-7-5125-2131-5

Ⅰ．I227

中国国家版本馆CIP数据核字第2025X3H486号

从田野里长出的诗

作　　者	祁筱慈
责任编辑	罗敬夫
出版策划	凌　翔
责任校对	陈一文
装帧设计	俞　舟
经　　销	全国新华书店
印　　刷	三河市中晟雅豪印务有限公司
开　　本	787毫米×1092毫米　　16开
	13.5印张　　　　　　　113千字
版　　次	2025年9月第1版
	2025年9月第1次印刷
书　　号	ISBN 978-7-5125-2131-5
定　　价	69.90元

国文出版社

北京市朝阳区东土城路乙9号　　邮编：100013

总编室：（010）64270995　　传真：（010）64270995

销售热线：（010）64271187

传真：（010）64271187-800

E-mail：icpc@95777.sina.net

生活里的诗
从田野里长出

田野里的诗歌

有我亲手栽种下的符号

我用锄头聚拢句子

一首首是果实

一些人应少种菜

一个人应多收粮

很多事告诉生活

家有粮

心实诚

自序

用自己的方式写诗

祁筱慈

诗是人类童年的声音,也是我转过身去的守望。诗于我,肯定不是悬浮于生活之上的精致心绪,而是从脚底的泥土中继续向下蔓生的根系。当人们习惯在云端编织意象时,我却更愿俯身倾听锄头叩击田野的声响,而那才正是语言最原始的律动。

对于耕种的聚焦并非是要营造什么浪漫的情调,而是要将词语埋进生活的土壤,等待它在季节轮回中变身成各种形态。

在现代性的飓风正席卷一切固有习惯的时下,我为什么还要写诗?当阅屏占据了所有的闲暇,让月光都沦为速朽的意象时,可能唯有诗歌才能保存一些土地里恒久不变的生命故事吧。

我从未喜欢过耸起的高楼,总感觉离天越近反而会离老天爷越远。那种没有着落的空置感,让人总踏实不下来。这或许就是有些人开始告别大城市,要回到乡村的缘由了。

贴着土地,跟草木亲近的日子才该是最本真的样子。这是从生活的诗意里长出来的意识,我也想沿着这种意识回溯进诗里。用自己的体验写诗,用生活的故事构成诗句。在我的诗中,故事是万物建立的,诗是对身边之物的重新塑造。

我的句子像是逆时针转动的磨盘,一直在向后碾磨过去的时间,是在用写作对抗失忆,用文字抓住正在消逝的农事。其中的虚拟与现实、撕扯与重建,便是促使我愿意写下去的动力。

这部诗集的核心命题,并不在于要重构什么词与物的古老契约,只是在表达一种感知的复苏。当我写出"南瓜也沉默成一片月亮",并非是把玩修辞的戏法,其实是物性在语言中的真正觉醒。让南瓜的沉默与月亮的光鲜,在诗的场域达成了一次共生。我拒绝将土地符号化,所以当镰刀割过麦茬时,同时也不忘留住它粗粝的刺痛感。当村庄里发酵的酸味即将灼伤纸页时,这些诗句不是助燃剂,也不是灭火器,而是记录生命过程的标本符号,其中深藏着民间俗事的原始真实。

所以千万不要在这些分行中寻找牧歌。翻开书页时,你踏上的会是一条沧桑壁立而深厚的土路。这里既有"柴米油盐茶的平凡"散发的暖意,也弥漫着"浮在墙外那一头彷徨"的冷冽。这些诗句如"旧日子里的铁熨斗",既熨平生活的过往,也留下"熨烫糊的情感"的焦痕。它们最终指向的,是我灵魂深处那块"依着云的地方"。当所有确定的意义坍缩,唯愿诗能点亮"隔山灯火",让失重的生活重获"轻暖的光"。

这里的果实也不提供甜蜜的慰藉,它们只负责刺破遗忘的硬壳,让被遮蔽的生命重新"长出花瓣"。

愿望是我的,结论留给大家。一眼望尽天涯的大平原上,很难生出这山望着那山高的心念。但我的村庄有河,它时时会提醒我还有这水望着那水深的警醒,而读者便是让我敬重的水文测量师。读过我的诗集,看过那些对诗句显影重现的画作,只要还能留下一星点的记忆,那都将是我值得庆幸的标记。

是为序。

目录

南瓜也沉默成一片月亮 · 001

经年 · 003

暖和的小事 · 006

时间 · 008

凝视 · 011

听见 · 013

隔山灯火 · 016

唱首挽歌 · 019

母亲的花 · 021

一枚盘扣 · 024

晒千年 · 026

丈量土地 · 028

织 · 030

不必用力 · 033

平原的消逝 · 036

喜庆的民间 · 038

托起半滴月亮 · 040

一幕情景 · 043

那时的年 · 045

风把你吹向哪里 · 047

长出花瓣 · 050

银杏书 · 052

不认识你的人 · 054

丑得宽大 · 056

疗伤 · 058

去看一个村庄 · 061

时间 · 063

灵芝一样的初心 · 065

小镇里的重复 · 067

生长的声响 · 070

地 · 072

下酒菜 · 074

昨天 · 076

脚步 · 077

相遇的衣橱 · 079

一个人 · 081

万变的云端 · 083

我也喜欢你 · 084

藏起期盼 · 086

以外 · 088

晚香玉 · 089

静看 · 091

一个时刻 · 093

别想知道 · 095

时间的成全 · 096

抵达轻盈 · 098

一个自己 · 100

通风口 · 101

深 · 103

轻如鸿毛 · 105

之间 · 107

掠夺 · 108

没有顾及 · 110

影子 · 112

过 · 114

即使 · 115

气质 · 117

老去后的事 · 119

生活区 · 120

花宠 · 122

在这片土地成熟 · 123

季节里 · 126

全部的过去 · 128

长大的村庄 · 130

我记得 · 132

诉不尽 · 134

不像样子 · 136

看不到的才是诗歌 · 138

达成共识 · 139

烙印 · 140

单薄 · 143

一幕 · 145

耕 · 147

纯粹 · 148

黄昏的回音 · 149

追 · 151

种下 · 152

田里的事 · 154

无声的馈赠 · 156

土路里的歌 · 158

一个定义 · 161

那时 · 163

故乡并不远 · 165

月夜 · 168

笑得好看 · 169

后来 · 171

树梢上的果子 · 173

悠长 · 175

关不住 · 177

到了夜晚 · 179

轻暖的光 · 180

长出 · 182

近一个方向 · 183

慢的路 · 185

许多年的树 · 187

照见 · 189

土布里的花 · 191

不作声 · 193

依着云的地方 · 196

田野行 · 198

南瓜也沉默成一片月亮

对土地生出的一切总是眷恋
用稻根上的细土种下一棵石榴
任由稻草装饰晚风的美梦
在小院里的夜灯未亮之前
是深秋
摘下一颗颗稻粒
从北走到南又从南回到北
这一路
它是否找到了自己的故乡
是否还想登上乡村的屋顶
看看这车马极速的新枝里
还有多少不被嫌弃慢生的果实
我望向夜空
南瓜也沉默成一片月亮
在圆月日
让土地上的星星
为那些洁白　轻轻的话语
敬奉长久

经年

在许多许多年前
你还是一个很小的你
调皮到
只听到蝈蝈声才肯入眠
家人们
只能等到你入睡时才放心劳作
院中的老磨盘
在你的梦中转啊转
转出一锅窝头香

那一天
你醒来时没有啼哭
你第一次听懂
录音机伴着笸箩里的棒子面儿
传来小城故事里的甜与忧
就这样
你一天天长大
当乡野的灵性与你邂逅
录音机变得老旧

歌声却依然如旧

经年
你寄去情致
磨出新鲜的棒子面儿
只是　只是
想起当年高悬于树上的棒子们
真是一件
一去不复返的事

暖和的小事

我在节气里的冬日
写下一封信给小雪
冬季里的赤诚
让我总想在这片芦草地行走
踩着寂寞的火花
把内心的热烈藏于苇叶里
看一棵草枯萎成烟花一般的生命
我还是在意你不说的心情
却欲言又止在入冬的时刻
我一写再写　却只能收于沉默
用厚厚的银白掩盖荒芜
于是　我开始
再次柔软成一筐刚丰收的棉花
不再担心或怀疑
这个冬天是否把天真拉到萧瑟
让我想到的是
应跟随小雪在这片芦草地里走一圈
把365天里的寂静都走尽
我不要凛冽

只喜欢一些暖和的小事
因为我心里有一瓶酒
你手里有一支烟

时间

夜色退去
院子中的花开成粉色
坐在摇摇椅上
风不一样　天空不一样
想起一个人　尘埃不一样

黄昏悄悄过去
旷野的小路
街上未亮的灯
多余的犬吠
木门栅栏上褪色的春联
是九十年代的样子

好像坐在家门槛
见头发花白的姥姥
脚踏缝纫机
挥一挥袖
也缝补起晓天的烟霞
在这样一个春天的傍晚

所有的天籁
来自收音机
来自墙外的田野
小城故事和虫鸣柔拌的
晚霞与长歌

这样的时候越来越少
是寂静与曙光间的一片乡野
好像心怀旅愁
举着孤灯
轻轻扣门的人
绕过炎凉
从寒冬到春深

凝视

相遇是一双眼睛的凝视
为时空铺满了深思
这年辞朝暮里那些解不开的意
似乎隔了几光年的距离
其实只是一分钟又一分钟组成的遥远

我不想为一个无声而忧伤
能过去的都太轻浅
夕阳会在灿烂中走进月光
我只想让这一刻的视线由神入骨
让千年的笔意
和不说的深念
顾盼

听见

雨夜里有孤独
特别是雨停了之后
一些繁密
让窗边的雨和窗边的树
亲近着缓慢生长

我坐在沙发想着什么时
脑子里排挤掉一些荒芜的叹息
心就跳进了池子
我在池子深处
触到一颗无底的心
游上来
让心碎过的诗句
迎接一个透亮的清晨

再次浸在房间里的红沙发
拿起稿纸

听家乡的泉眼冒出咕嘟声
和一些珍贵又稀少的爱
一同落在院门前的白蜡树上
树叶见着
另一片树叶的结实

隔山灯火

三月是听风的时节
黎明时醒来就听到风声了
我听到
风在月牙上虚度过夜晚
果真漫长
面对星光
它再也不想吹动一颗星星
我站在黎明的窗前
与百年书稿倾听风响
无处安放的风
与无处安放的落笔
那样相似

风
也曾刮过我的扉页
但我们是否认识过
我只能在黎明中
继续睡一个小觉才知道
又梦到　我迎着风

去那个遥远之地买馒头
这次不一样
把馒头铺的馒头全部买下
拿不动　推车回家
这次是顺风

也曾见过
风看窗外那片空旷的土地
几片寂寞的叶子旋转时
就能被它没收到无影无踪
但风从未没收过一个馒头

时间与风　各自传
字与年长的夜
行进轨迹
那些天各一方的人
无非是一条信息
转到另一条信息
可我看到为孤独分身的人
嗅到的是心底的风声中
诉不出的声响

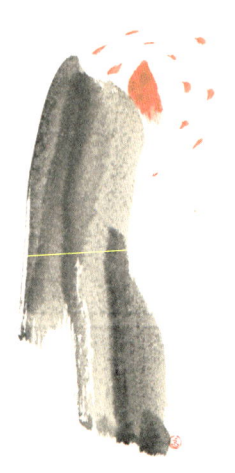

唱首挽歌

一夜的雨
下满了窗前的整片树林
是雨后的一片落叶
让人感受到
又多了一份待完成的稿子

那就让渐低的蝉鸣
伴着老去的枝
唱首挽歌
让怀念的疼痛收一段尾

即使占卜那样准
也要一步步行走
走到
可以唤醒一个永别的日子
你得相信
敢于说出的爱都是真的

母亲的花

我的两位母亲
一位住在心里　一位长在脑海里
住在心里的母亲温柔慈祥
在遥远之地护佑我
脑海里的母亲对我严厉有加
她在现实的近处不错过一丝一毫的教导
母亲的严苛　让我的生命残缺又饱满
母亲的慈爱　为我烙印下诞生时的慰籍

从小到大　我总会梦到
一条满是青砖碧瓦的长长胡同
在初夏时的门当处开满一大片黄色花海的胡同
我记得慈目的母亲生得气质
她抱着我拥起我
逗说我的小鼻子是水滴鼻

我想在我失去所有记忆之前
母爱的味道我不会忘记
即使我们很少见面

即使她不再年轻

她仍是我的菩萨

是我想闻到得　奢侈的幸福

今天

我在油菜花田

捡拾起花神撒下的第一颗种子

为母亲种一株

不　种许多株

叫感恩的花

一枚盘扣

称一称在世间的重量
肉身似轻麦
灵魂是圆荷
上帝造就过这样同款的人吗
我想有过
在古代
谢道韫
手脚胖嘟
腰肢纤曼
是美人
如今
高高个子惹撒娇
不需写诗
是美人

姐姐说我你穿越错了
我否认

总有种感觉

是从丝绸之路回来

只造就一枚盘扣的人

晒千年

我在村子的大集淘到一只泥泥虎
又在画案画出一幅小小鸟
看一看那匹陶瓷马
就想到它已无数次
带我梦回大唐飞奔过遥远区域
而在此时
是草筐里多出的鸡蛋把我叫醒
醒发好暖阳的日子
捡拾起一颗颗善念
为岁月积攒厚道
每每
便想为它们写下一首诗
让新诗句里的古意
安放在太阳底下沉浸
把小画　新瓷　民风
晒出泛黄和斑驳
晒到它们
假装来过几千年

丈量土地

从村庄的黄昏走进冬夜
和晚霞在树梢头想了许久的事情
不知这一生要走过多少未知的路
在纤细的枝条间
在喜鹊飞过的蓝天
我都曾
试图用一百年前的尺子
丈量土地的明媚
终是从未来到留不住美的上空
悄然回家

织

把生活的裂痕
汇成一条条线
用一垄垄田埂拼成框
在熟视无睹的细枝末节处
被生发
被疗愈
被时间透过的光
填补缝隙

厨房玻璃上的晨雾
丝瓜架上的小鸟
晾晒的鼓起风帆的床单
那些未说出的情话
正为晾衣绳上的水珠凝成晶莹

此刻黄昏的针脚
穿过姥姥的顶针
将日子的回声缝进了布口袋
为所有的晚霞收拢起衣襟

盛着年轮的旧陶罐上
探出毛茸茸的触须
沉睡的蝴蝶忽然颤动翅膀
飞过叶脉
飞过发烫的毛边
映在小镇的天际
我看到
生活的缺口终会织成圆满

不必用力

立秋的午后
阳光落在建筑师的窗口
斑彩错置到屋后
院子上空依稀有鸟飞过,盘旋
风　不再热
光影　银杏　蓝天　半山夕阳
有了复古的胶片时光

一下子
把人拉回到几世前的藏经阁
在厚重的经板处
我一眼看到了那篇字
那篇和前辈们
探讨过多少个日夜的字

当我推开一扇轮回的字门时
我见到
佛不仅聚大美
万张的经板中也含着浪漫的诗

像宇宙
也会涌动起大小不一的思念

和地球的孔隙　水流的湍急
千年不腐的留意
四季朝暮的刻痕
诉说
不必用力的生活

平原的消逝

夏夜的村子
野外的虫鸣
路边的树林
长出厉害蛐蛐的坟地
它的旧意新愁
掠过悲喜，划过土路
泛起空忘。打开灯盏的光前
有一丝丝的暂顿
我质疑过
家乡离我到底有多远
还乡热涌
拾起记忆，画出村西的外沿
画得孤冷，写得萧凉。
天地里的夹层本就是一片空阔
画里曾经有一个小小的自己
像一片叶子
风都懒得记住你半寸
自由，原来就是被彻底地遗忘
遗忘才有游离惚恍

哪有什么画文,连痕迹都没有的徜徉
南风来
沙沙地隔着杨树吹
在这人生的中心
一头燥热
一头清凉

喜庆的民间

我知道,你将和我一样喜欢北方的年画
像开满春花的原野
在一片喜庆的民间
用节气里的笔锋
手作的萌萌虎
一朵北方的腊梅
成为众多艺术中
同看过的花好

留下夕阳中一个迷人的画面
这将是一幅静止住回忆的画
如你迷恋的田埂
奔跑去我的无助和哀伤
我停下脚步,轻轻呼吸着一丝温暖的余袅
在一片草里看到一颗种子蛮横生长
它们看着我这个犯傻的孩子
又柔软地勾画出一个复活的村庄

托起半滴月亮

雨水想念玉兰时
成为一种抽象的艺术
不讲玉兰花的言辞
不过眼下　冰雪在消融
看
今天的太阳
有满眼的深意和夺目
是心上人的目光
望向彼此欲说还羞的笑意
看呀
村上空翱游在蓝天的喜鹊
一眨眼
成双入对停栖在枝丫
为岁月酝酿春的花期
这时
湿润而透亮的日子
生出一场雨水的充盈
就怕又被你辜负
我想

我应去寂寞了一冬的田地里走走
为萦绕潮湿的村落
准备早春的草木
你应和雨水结为一伙
长出有棱角的枝芽
托起半滴月亮
另半滴落在池塘

一幕情景

坐在台阶上读一封信
百步之外
土壤温柔
种子窃窃私语
地边上红日冉冉升起
想起黑丝绒一样的夜空
有萤火虫有流星
有神仙的叹息
有妖精的窥探
蟋蟀蹦跳
画师满脸忧伤
他是圣贤吗
谜团落英缤纷
答案川流不息

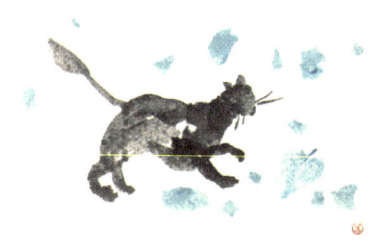

风把你吹向哪里

此刻,窗外风声紧成一片
想起　深冬的你
自语喃喃
穿越尘烟
眼前夕阳火红
幽深或肤浅
让时代的速度与细腻
为一本正经留下深情地一瞥

却让激情锈迹斑斑
火热的希望　天边的幻象
恍惚的自信与田间的鸟雀
在一起迷离呼吸
贴心的交谈
又在醒来中沉睡

深冬的独白
你是黑暗中勇敢的闪电
用简单勾勒荒原

用情义种下土地的答案

寒风吹走日落
还有无知蒙住了深邃
风声把你吹向了哪里
深冬的芦草
扎根在人间
一棵棵穿过大风的贫瘠
老得不成样子

那时的年

那时的年

是爸亲手做的新衣裳

是爷爷剪裁好红纸

用浆糊贴满院的春联

是只说吉利话　不扫地　不拿针线的好兆头

是此刻　此起彼伏的鞭炮声

是藏在枕头底下数了又数的压岁钱

是走亲拜年

大人把糖果塞进口袋里的甜蜜

孩子们叽叽喳喳

大人们嘻嘻哈哈

街道里噼里啪啦

蒸腾的年味儿里

是无处不在的喜福

偷偷看着红包里的压岁钱

守着一柜子好吃的

是美到睡不着的年

那真是过年

那才是过年

长出花瓣

上个世纪
头顶飘浮着自在的云
深夜的旷野
落着比珍珠还明亮的繁星

繁星照进小镇时
列车来了　你也来了
我等了太久
直到把门前的尘土
扫了又扫

直到家门口的土地
长出花瓣
直到在九月的秋光里
写到秋收的柿果
才写成一句诗意的你

银杏书

月光略过温泉园的脊背时
灯火映照着银杏叶
我们用家乡话　数着片叶
惊飞一群麻雀
把漏下的黄昏
泡软的夜色
温润的土地
藏起一串
散落星星的密码
埋在银杏树下
年轮就多长出一个圈

不认识你的人

车筐里装了一袋
我从村街里买的热油条
脆而香软的金黄
经过你家门前
你叫出了我的名字
拿起一根油条吃起来
又不客气地把整袋油条全拿了去
可我一点也不认识你
急忙回到家跟爷爷告状
爷爷笑着直摇头
不一会儿你就拎来了两袋子热油条和酒菜
你抱着爷爷相拥而泣
爷爷和你叙说着被时间做旧的那扇木门
我才知道
一个人的生命中可以经历那样多的事
酒过三巡
你送我一支水晶钢笔
只说是海外才能买到的水晶钢笔

丑得宽大

速度与细腻
停下来
留下一本正经的凝视
丑得宽大
粗糙得浪漫

疗伤

村庄的街巷无人
冻得光杆的白蜡树不作声
村深处却有一首歌往心里钻
病毒在村街里穿梭
让棉衣裹着心事里的人们
集体撂倒在生命的高温里
留下无声无息
为万物失色的空巷低唱

我感受到　人都在
只是不知　多少年里
从未想到
在这个庸常的冬天
被两条红杠放倒

为治愈冰冷的气息
我看到　有的人
和村口的电线杆
同一天站立起来

有的人五天还在倒着

无力感被莲花清瘟
隔着一条杠
装进揉碎的脾气里
还有一条杠
隔着一瓶黄桃罐头的记忆
为一场雪的思念
烧尽39℃的清寂

即使咳嗽断肠　痛在长情
让屋下的腊梅开出冷香
让一句默念疗伤时间

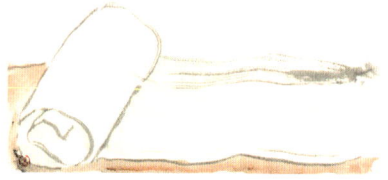

去看一个村庄

这段土路的尽头

沧桑壁立而深厚

打动我　不打动我

心外沧桑　光阴无言

一位位老人要穿越田间

一如要穿越生死

时间飞逝得有些过分

熟睡在土炕上的老人

静守微光

缺乏生活上各种的需要

不远的过去　也有一丝远古的味道

满壁枯草之下

地面坑坑洼洼

一条条土路　一个村庄

墙皮剥落

土坯苍斑

说乡野依旧

却不见一个鲜活的少年

一个可爱的儿童

时间

那一本老月份牌

曾挂在爷爷家里的墙上

一天一撕

每天翻阅一张

烟熏火燎的洗礼

日子沉默如常

月份牌泛了黄

有一天

我在爷爷的一帧书页中

看到他曾撕下的1990年养生偏方

偏方里夹着一封信

信里的秘密已在信纸上发霉

那些被折叠的晨昏

最后一次落笔在月份牌的纸背

爷爷心思细腻得让我羞愧

其实我并不了解爷爷

自己儿子初去南方

爷爷在月份牌的背面记下

儿子平安

灵芝一样的初心

世间自有小路弯又长
通向过往乡愁中的时光
世间自有一个季节无草不枯黄
令人洞悉明心见性的凛冽哀伤
世间自有一条河边　亭亭玉立
灭尽一切痴心妄想
此时，汹涌磅礴的覆盖成旺盛
临近了落叶纷纷扬扬
芦花茫茫　云里打坐
芦苇荡里藏匿着冬至
白鹤　笛声　大雪弥漫了芦花

闪烁着灵芝一样的初心
乡愁一望
一片片都不见

小镇里的重复

小时候
我喜欢在火车道旁行走
捡起一颗石子
扔向未知的远方
勇敢的人则在铁轨上行走
那时
铁轨对于我来说是不敢触及的吸引

三十岁后
我的体内才长出与故土亲近的基因
为脱胎换骨这件旧事
坚韧了几十年的倔强
是命运
给了一个人与岁月并齐的心胸
让我看到小镇的一切
重复着它的意义
以至于小镇里的人
使出各种灵丹妙药
让每天重复到不可思议

而我是这里的另类
只肯重复着一个贫瘠的梦
在人们睡着时
我蹬着书架梯子
追赶天空的云
为身心开出无限温馨的花
我不断咀嚼着通往云朵的春归
可没有一个人敢打开
带我飞入梦中翩翩起舞的通道
这是我难过又长远的念头
可它们在我的云梯里
矛盾又统一得那样好

生长的声响

小时候　日子紧巴
天地万物却旺盛精壮
春风和花树能量宏大
生长的声响嗡嗡肆意
能种下整片星群的轰鸣

天地无邪　万物有思
拾棉花的女人如今在健身
像得了长生之道
从虚空中重新打捞
口干舌燥
又是一场昏睡
不知农具桌椅去了哪里
醒来　戴上毡帽
抱起小泰迪　恍若女王

我在天地大寂寞中打量着对方

词语间云烟溪流　双目有神
大片的青草过来了　过去了
勤劳和朝气在莫名的空气中穿行

地

风掀起麦浪

被时间踩进泥土的麦茬

瞧见我的影子在田埂上漫步

土地让豌豆开出的碎花

在镰刀割剩的黄昏

映出畦垄的水渠

一片碧绿

丰收出几筐豌豆

漫过掌心

我看到

豌豆秧上有一个蝉壳

捡起它

像捡起

童年时滚落草丛的玻璃弹珠

下酒菜

晨雾还在打盹
牤牛河岸边
草尖上冒出的露珠
可以叫醒整个晨光
我拉着田地采摘的蔬果
给笑声与土路更多的氧气
村里早点铺的油条摊
香气引来赶路的人

在家乡方言的集市
讨价还价说着日子
此时我家二伯的电车里
装满了肉菜
当炊烟爬上杨树的眼睛
请让我燃起烟火
为小镇的黄昏
炒一盘下酒的菜

昨天

我看见了
一枚长出细小根须的发卡
也看见了
那些被收割的
终将以根系重生

脚步

我想揣着一碗涌动的泉水
走一段最慢的路
扫除落叶
肃清哗然
消层层尘埃
去触摸答案

相遇的衣橱

我有一个服装店

不卖衣裳

仅出售别致

大大的落地窗外

种满了灵性的植物

每一片叶子都是未裁的衣料

窗边的老式收音机

每天都会播放同一首小曲

店里的一切

已习惯听一样的调

我常做美梦

如果一生只唱一首曲

该是多欣慰的陪伴

可窗外的风景

不等路过的季节

像一封待签收的快递

等季风来读

奈何　有一天

你看到这里的花

就在对面点一杯热咖啡
走慢一些
看每一颗纽扣被我缝制成星辰
陪窗外的花们说说悄悄话

而某个黄昏　你的凝视
在咖啡雾气中析出结晶
我缝制的星辰纽扣
吐出所有被季风错过的花期
植物的针脚正穿过布匹生长
将我们的影子绣进同一匹月光
你听见吗
那些未裁的衣料在风中沙沙作响
正在缝补所有被时间磨破的
季节的接缝

一个人

我听到夜深沉的曲牌时
皮簧在耳膜深处震颤
被撕碎的年历簌簌坠落
纸页溃散成磷火
门扉虚掩
褪色的名字在时空复燃
就在此刻
我会想到一个人
大风中走出家门
扔掉时间表格
惊醒一地勇气

万变的云端

阳台的衣服被时间晾干
我收起它们时
黄昏的光映在木窗格
想着一些事
于是跳进黄昏
掀起整片晚霞

我想　是时候
调整一下步伐了
记下高贵的光
调试好生命的共振
与你同频在
瞬息万变的云端

这不一样的珍贵
是不曾
为灵魂框架过的构思

我也喜欢你

安静的中华田园犬
今天五岁了
但力气很大
它对所有人
总是一脸傲视
也喜欢看向远方
可对我　像个孩子一样
奋不顾身地扑呀扑地亲昵
有一次我手里拿着快递
没反应过来
被它有力的爪子扑倒在地
它有些惭愧地看着我
跳上长椅撒娇着
我摸着它的脑门
我也喜欢你

藏起期盼

在梦里
我变成一只朱雀
飞向南方
你看向北方时
长成一条青龙
飞跨过山脉
升温在云朵

我无解　却见你
一双丹凤眼
许久地注视着我
我低眉
感受你飞行的速度

长长的龙须
装满了无穷的秘密
我解不开那些无言的相视

以外

俗世隐瞒着真相
不知被泥泞绊倒过多少次
在渐悟中了却一桩琐事
在一杯酒里幽居一个伤口
如果有回光返照
我要穿越楚河汉界
消灭莫测
杀出一道逍遥

晚香玉

在书里写上想说的话
不会有人翻到那些话
书里的秘密被我下放到田园
随风去追寻凝睇千年的文字
我已习惯了在摇摇椅上重温旧梦
在晚昏的台灯下
看到　记下
夜幕中的晚香玉已沁满整个院子
那么多的夜晚
是它们在陪伴星星

静看

自我安顿的去向
静静地　不惊不扰
珍惜那么好的去向
我还要走多远到达
更远的去向
我还要爱多久走近
更近的去向
它像时空赐给我的一片流星
与老去的日子
到达一个峰顶
静看　飘舞蔽天

一个时刻

朝着向日葵的方向行走时
葵花高昂的头
促使我望向远方
在我收集的树叶里
葵花叶得到要领
像快走过小半生的生命
找到一种直觉
在某个八千里月色中

让丰沛的力量
在子夜　聆听余韵
错过　凝结
天地初分的大写意
一束光来临
春雪落下
我屏息　苏醒在
一座小岛的海岸
落子相逢　久久对弈

别想知道

我又去了一个村庄　在黄昏前到达
老旧的土房上长满了草
残缺的家谱不知被谁扔在角落
浮在墙外那一头彷徨
另一头有高耸的棒子栈
挡住了它曾经的辉煌
旁边的大鹅鸡狗都是守护它的主人
它们忠实诚恳
晚上还有月亮陪伴在村口为它站岗
可它仍要哀叹
被禁锢的一生
我只想为它选一个吉时
放出它的灵魂自由
投生到一个好人家
谁也不知道
谁也别想知道

时间的成全

天真的冷了
我点燃一炉炭火
用乡音和笼子里的百灵对语
龙须树伸展着它长长的腰身
我踩在它们梦呓的肩上
为百灵低语

它们悄悄告诉我
隔院邻居那一对考古学家
又在研究修复兵马俑
我说：那是交给了残缺的成全

抵达轻盈

我在铺满粉色的床单上写着日记
不知怎样与一份亲近落地
雾气升腾
迷住了人的眼
我用一把三十年的尺子
测量人生的长短
拨开空气的尘沙
绸缎一样的华逆
寻索清透
而那些顶点的狂欢
是否为极度的哀伤续命
历久失修的爱呢
何时从眼前抵达轻盈
让心驮着阳光垂下芬芳

一个自己

一个诗人

是叫以造自己的反的

通风口

寂静的田野
一冬无雪
一春无雨
杨花在四月暴动
每一寸土地上
都有杨树毛忽忽悠悠
扑面而来
在近地低空浮游飘荡
有的落于林间地面
一层层像是不干净的雪
迷眼糊嘴钻鼻孔
一层层褪皮的灰烬
堵住所有抒情通道

少年时代
每年春夏之交
我总爱爬上树梢
看杨花柳絮尽显诗意春愁
看它们与蒲公英私奔

裹着光晕的白色袍子

现在

这些东西迎面一飞

尽是烟花之冷

焊死整个春天的通风口

深

秋深了

渐冷而多落叶的村庄

让我长出一双劳动的手

长出收割　种植和准备

秋深了

月季的种子和山里红一样多的村庄

我发现了一双敏捷的眼睛

发现了一个收进落叶的水池和黄豆地

秋深了

急匆匆往家赶的人

是要秋收还是想取暖

这个乡土地

不知土地的承载

人和土地

天空一样

是土地的妻子

庄稼的丈夫

农民的孩子

轻如鸿毛

选一个近在咫尺的黄昏
在夜色还未降临之前
悄然隐身
看春深处熟睡的人

看太多太多的花开
像层层叠叠饱满的呢喃
出乎于我在黎明之前
过于瑰丽的意料

令我忆起一个还算不错的黎明
一片没有丝毫破绽的朝霞
树下　土路边　十万火急的露水
闪耀着滚烫的秘密
丁香花　海棠花　偶尔沉默在
夜空冷却的月色
在这个不为人知的春深处
谁又悄悄躲在花下
想起一些轻如鸿毛的往事

之间

你可在远近之间
蔑视土地里
所有的美丑

掠夺

清新的早春　麻雀为行人引路
远处的树冠泛起蒙蒙绿意
与春天隔着一段距离的人们
又一车垃圾倒在了草丛树冠下
草们大骂着压倒它们绿意的邪恶
一只喜鹊飞过
它天真地想挥去世间的残破
土地已没有精力公平

没有顾及

院子里的花自顾自地开放
从不管有没有人看
树上的青柿子说好了一同成熟
从不管以后被谁摘下
没有顾及
才会美乎乎地猛生长

影子

你是你的影子
我是我的影子
水是天的影子
山是地的影子
我们的影子都不同
心却都很红
可影子里的光
是白是黑还是黄
什么影子都映得出

过

天太晴朗了
眼睛躲避着光
心里有少许尘埃

路有些弯曲
在盘旋公路上行驶
心尖儿上
悬着翅膀
在华北平原上空
呼啸而过

即使

花也从不偷懒地盛开
它们积蓄的能量
足以划过冬夜
大朵大朵的花瓣热烈地
为我点缀起浴缸里的馨香
它不要被人遗忘
即使秋霞飘过田埂
即使果实比它更有魅力

气质

穿起收身的新衣　好开心
我可以瘦下来
原来瘦下来是轻盈的
走到窝瓜架下

不再害怕被无端批评
不要眼神游移地自卑
不再听从亲人说我穿哪件衣服好看

不再吃不喜欢的食物
我要按照自己的本心走路
昂首挺胸走起每一步
暗自欢喜　我也可以好酷的
拥有气质这个东西

老去后的事

夏夜的热气
与树梢上不动的风对话
晚钟悠然
看少年跑过
日落封存的村庄
我泡起一壶茶
和考古的邻居
说着老去后的事

生活区

一双冰凉的手脚在零下十摄氏度
自以为是地撑起菜市场的斤两
走过那些柴米油盐茶的平凡
我已把所有慈祥打包进菜品的种类
当卷心菜变成酸菜时
我终于可以像艺术家一样
嘲笑过去的不堪
还要像艺术家一样
把新鲜的艺术生命
归结于五味间的方寸情调
没有什么不可以
尽管走进艺术的生活区

花宠

山楂花不写诗歌
但会躲过和玉兰争宠

在这片土地上
在某一个时刻
我愿意把嘱咐和叮咛的琐碎
落实给所有从土地长出的事物

在这片土地成熟

蛐蛐在我收集的
数百年的破瓦缝里探究音符
阳光给它投下灵感
在好多年前为它准备的灵感
在好多年前　我就开始等待了
等待生命里谱出贝多芬
等待那只蛐蛐研究出
浓郁的黄昏
黄昏
我看到又一片灿漫的向日葵
在这片土地成熟

季节里

寂静的院子里冷得刺骨
一切被点了穴
在这生生灭灭的季节里
总有解穴的道法

我扬起脸　看到
只有院子里的腊梅不受控制
横跨无数风雨的阻拦
被生活不断定位　铸造
我却冒出一个问题
它也是一个听不懂数学题的笨孩子吗

全部的过去

九月的白菜畦
热闹的不凡
蛐蛐蝈蝈蚂蚱一同奏起交响乐
那是属于它们年代的盛世
一个不可复制的盛世
它们从不怕死去
冬眠只是一次多余的心跳

它们的灵魂总在全部的过去
等来下一个开始
不必记得曾经的鸣叫
也不必记得曾经丰衣足食的过往
它们随性地活着
也随便把自己埋到一个地点
没有未来的遥远
更不会赶着车马在清晨路过
只有春天悄悄走进那片图画
增加着记忆在我们身上增长的速度
但我们不是它们

长大的村庄

在小镇的乡下
蛋糕房的小店
橱窗边
我买一个黑巧
小时候
怎样也没想过
长大后
会控制甜点
但还是喜欢
花朵一样的
奶油里　有
掉下来的露珠
透明的橱窗里
含着甜甜
梦的存在

我记得

走在田野

想想老去后也要回归它的怀抱

摆脱心头苦闷

便使我忧伤的心振奋

我要问候我亲爱的故土

我记得

我的眼泪落在这里过

笑声回响在这里过

可我的脚步何时有归宿

只有田野知道

如果有一天

我在田间的绿草地安眠

定亲吻这片尊贵的土地

尤其在五月

诉不尽

你是欢喜的人
让我一塌糊涂地手忙脚乱
那就小火慢炖　煲粥一样慢慢温习
还要学会做千层饼的香
收买纯真的铜饼铛
是的　纯真就是飒风阵阵
诉不尽的话意
像艺术的年轮
可是那么好
即使带上墨镜
我也要追逐光明里的秘密
用一生的时间
请心上人吃一餐千层饼

不像样子

村里的生活
简单得不像样子
村里人的人心
也鲜红得不像样子

小时候
农村孩子没有太多玩具
能带来晶莹神秘感的是玻璃球
少花一毛钱买支冰棍儿
也要选个喜欢的玻璃球
那时真是个小勇士
不撑伞也不会感冒
膝盖磕破
找把沙土撒上继续疯跑
那时的灯光是一生的暖黄

在姥姥纳鞋底的针线笸箩
藏着一个童真
擦去被岁月蒙尘的玻璃

不同的斑斓色

被唤醒

融在时光的圆

在暖黄的灯下拉得悠长

看不到的才是诗歌

走在人声鼎沸的街道
看到的真实成了生活
看不到的才是诗歌

达成共识

菜地里的温暖
是十一月所没有的
我不想比较
抱起田间的白菜
看着菜头,高粱,香菜,雪里蕻
想起一些从心里长出的孤寂

霜降的落叶
是被岁月眷顾的
我想当冬至接近尾声时
是时候把它们放进一个时辰
盖上封印
等一个具体的时间,达成共识

烙印

旧日子里的衣衫
拿出来
重新铺展
麻布贴着熨斗
蒸汽中翻滚
露出泛黄的针脚
被剪成的碎花布
填补磨白的年轮

旧日子里的铁熨斗
还未丢弃
收起来
留在想它时拿出
看它一生中降伏过的衣衫

熨烫糊的情感
还没断裂
找回另一种丝线
缝一缝，贴一贴

红尘路上一个人走
难免孤独

人生的不平路
用日子熨烫出妥帖
冷热　温烫
终是一块烙印
是时间签收的漆封

单薄

我想把句号拉直
寻未知的答案
可单薄的我们呀
走在风中时
风一吹便透透的了
时间让每个人显现出原形

一幕

一枚老印章
为题字匆匆而来
从前世缓缓而过

老者走过百年
跨过千里江山
于一印之间起伏于锋杪

它有古法之道的畅然
但早已不是当年你看到的模样
在这个纷扰的世间
疾徐疏密　收放长短的一方印
陪你走过数里方圆
看过一个甲子的苔藓与刻石

你可记得
那个与你约定1900年的人
也曾跨过富春山居图
在海棠树下话盏

这所有的一切以慢动作包浆

生命中过往的事物
一幕幕重新上映
当初看不清的
在此刻划破星空
没有悔恨也无惋惜
是一个旁观者看着
一枚和另一枚印章的重逢

耕

真好

土地反复在我的生活里耕种

真讨厌

你反复奔跑在我的诗里

纯粹

不会左右逢源
怎样做都是错误
我会羡慕30年后的年轻人
那里的空气全是正确

黄昏的回音

给我一个黄昏
我宁愿是在书店
只有书
可以救度匮乏的脑壳
给我一棵
用上所有力气
尽情开花的树
只有深不见底的根须
才能让洁白变得高贵
在我的脚下
曾为一些事情无助地哭泣
然而走走停停的人们
早已忘掉旅途中的眼泪
当我回到故乡
倚着炊烟中的杨树
我只想
在黑夜来临之前

让我再俯瞰一次

那些星空下

专心致志热恋的人

追

夏夜的柿子树

在月光的地上微晃

满树的果子赶往秋天

种下

在你面前
是心如止水的燃烧
你清澈的眼神
霎时间杀伤我脆弱的伤痕
我的退缩与羞涩
闻到千年前一棵幽兰的忧郁
我想你应把它种进书房
高脚四方青釉面的紫砂盆中
无人会知
你救了一丛早已成了仙的幽兰

田里的事

又走在田间的那条土路
田里的声音是好听的
植物会朗诵
空气里还有天真的麦香味
都愿意和我说说田里的事
我随手捡起一根树枝
在土地上写着字
只有天地知道我写的是什么
我愿意这样
慢慢解开闪烁的得失
仅在这里表达自己
我想　我会
安静地把这片田间的土路
暗恋到死去

无声的馈赠

春天来时
我躲在田野里藏身
我看到枝头的新芽
婉约地伸展
我不再胆小
悄悄把羞涩
湮没在春光里
春光唤醒烟波中
散漫的人
也一次次唤醒我
将要死去的心
万物没收了萧条
土路弯曲　平坦
是瓦片下的细雨
是土地爷
寂静无声的馈赠

土路里的歌

在这条土路行走时
我想把所有的寂寞都走尽
像站在你面前
眉毛就弯了起来
像这个村子诞生之前
就有了这条土路
土路里的风从冬吹到秋
把麦苗和草坪推出一片热恋
远远看去　让我称赞
这个村子诞生的意义
一个姑娘在这里的春天长大
在这个世代相传的村落
看升起又落山的太阳
看劳作中晚归的人们
拎起一筐啤酒向天空高歌
回荡的声音安慰着土地
土地就是土地
让旋律跳进田野
说出一万句思念的鬼话

我深信那些相互告白的人
就是走过这个村庄时说出的
我看到装满夕阳的树枝时
又想起你的肩膀
心不再胆怯
在太阳上升之前
让远处的喜鹊
带回几首歌

一个定义

一个善良的女孩
把一束紫藤别在衣襟
看燕子飞过
踩满草坪的绿地
寻猫咪的脚印
阳光谱出小夜曲的韵律
我沁着尘土漫步庭院时
向天空
拈起一朵花
念起我们第一次对视的清泉
晃悠悠　荡漾起
你心头的玫瑰
如果有一天
你来园中喝茶
我会特意切好两片柠檬
摘满一个瓷碗的薄荷
燃起炭火　温一壶老酒

情不自禁地在你耳边

哼唱起

一首叫《绿岛小夜曲》的歌

那时

那时夜空　蓝过了故乡

所有人的眼

那时杨树　和欢欣的喜鹊

涌动在天边

那时中午　饱满悠长

隐藏着少年寂寞的脸

那时永定河　原始清澈

好像大地的泪水

刚刚来到人间

那时故乡　麦场里的

月光下　独自安眠

故乡并不远

故乡并不远
再干热的季节
从任何地方出发
都可抵达
在故乡的群山间
我想到了刘伯温　张华
李可染　齐白石和刘凌沧
一颗心站在烽火瞭望台上
被飞扬的白发悄悄烤红
又在斑驳的梦境里
远行
故乡的艺术馆里
谁的飞白与皴擦叫我羞怯又惊叹
节气　风骨　忍耐着时光的凌迟
我心疼　画里
那一颗孤独的魂
久久不肯离去
我时常惦念
那些妖娆散漫的烟云

是否已达彼岸

故乡的气息复杂深厚

无法阻止我

一天天在这里幸福地老去

日日夜夜仰望迷醉在

上天群星的芬芳

岁月漂泊　星系聚集

听　这奇俊的光阴

看　一个人的诗歌

月夜

今晚正好

燕子在旧巢熟睡

天上的下弦月

陪我

往最亮的月色中走

星茫下

一样的清辉

云翳里

美满或残缺

都可照亮地面的坎坷

笑得好看

从前的大集上
一个青年对我微笑
那时不懂
只定在原地看他笑得好看
然后逃离

多年后他认出了我
仍然微笑
只见他青年不再是青年
但我感谢他的笑

后来

门前的萱草花
每一朵都开得慢

在后来的日子里
我将月色中的花木
一瓣瓣装进书页
一笔一画写在纸背

在后来的故事里
结了果的花
走得也慢
学会了　把虔诚写入正文
没有什么可让人
一等再等的事

树梢上的果子

想起一个午后
我曾默立思索着
走进一片果树林
看到最后一颗裂口的果子
挂在树梢上
为尘埃里皱起的眉头
结满了一堆笑意

悠长

北方平原的麦田
年年夏天翻涌着翠绿金黄的丰满
和人世乡间的安稳悠长
每一次路过村口的麦田
都不禁留下久长的遥望与坦然

这片麦子没有冰雹
这片月光依然皎洁

关不住

五月里开着三朵芍药花

红芍药　粉芍药　紫芍药　都是可爱的花

花把花蕊收起

听邻居弹奏的琴调

一阵阵飞来

满院都是太阳光

绿叶应着日光

花香是关不住的

到了夜晚

每走进书房
点起一盏灯时
外面的世界就消逝了
日复一日
书写 思索
风霜雾雨
仍发光发热的一盏灯

轻暖的光

一个特别的日子
在小镇的银杏树下行走
阳光打在秋天的脸上
轻暖
秋天和岁月也不承想
生出皱纹的眼角
还能摇动起落叶

看向一棵树
如面对一幅乡村油画
我也朝向树的方向
把片片银杏叶　组成一朵花
越过小镇每条葱茏的土路
把银杏花别在秋天的心角

长出

田野里的诗歌
有我亲手栽种下的符号
我用锄头聚拢句子
一首首是果实

近一个方向

日子相似地过
在一个寂寂的黄昏
炉火温暖着
窗上红红的春字牡丹花
正月里
夜清静着
我看见河流
在同一个方向
和家乡的夕阳依偎

慢的路

我想端着一碗涌动的泉水
走一段最慢的路
去掉落叶
波澜哗然
去触摸答案

许多年的树

过了许多年

虹江河的田边　全是大树了

人们在树下钓鱼乘凉

飞来的白鹭　在两岸唱歌

后来那些砍伐杨树的人

都去了哪里

再后来砍杨树的人

又种上了一排排小树

树上结了许多种子

不大不小的种子　上面盖着一片黄叶

叶脉上是一只七星瓢虫

很小的东西　谁也不会注意

我只听到

再也不会有杨树毛了

照见

月光一照千年在心间
每一夜思绪潺湲在身边
夜风吹过衣袖时
月光凝成琥珀的圆

看这人间乡愁
是河那边的男子
在拾取遗落的悠长
风住的刹那
所有未写完的故事
都安静地睡在鬓边

麦地翻涌碧绿金黄
世上人家风光无限
麦地重新竖起倒悬的琴弦
风又吹少年衣袖
月光出琥珀的圆

人世迢迢乡愁四韵

一色村河这边的女子

又见乡间劳作耕耘

清风漫过皎洁的脸颊

所有未写完的故事

又悄然回归到日出的身边

土布里的花

秋早晒布
夏晚收布
有些花型
璀璨过
只在五六十年代
那时　农民种田靠锄头
全眼期盼农村走向机械化
一心把科学
织进卷卷的手工布里
多年后　科学让布变得更加密实
我却从小爱着它们的朴实
看爷爷留下的其中一张
三四十年代的老照片
老照片里
女明星穿的时尚几何图形旗袍
就是这老土布印染
存下记忆的布
我愿做它们生命的保管者

和小荷叶　小兔子　小鸟　小螃蟹
一起保存好
布里的花

不作声

我们相认了多少年
从上个世纪就是一家人了吧
那时你生活在山顶
离飘浮的云很近
穿布衣吃美酒时
只有我知道
你会用一支三百年的笔
研勒出轻盈的星空
一个小遗憾
我给你倒茶的间隙
却忘记收存这份浩瀚
说好的　等你写尽所有的云朵
我们到今生
用现代望远镜看繁星
请带上你
积淀了上百年的文字
装上你所有的笔
记起我的眼睛
也认出我们的笑

可这今生的事呀

我们不作声

也不肯回神

直到金星靠近月亮

我想　你会问起

定会记起

是否

缺一个天文望远镜的银河

依着云的地方

春风吹来时
我梦到了小镇
多么想在玉兰花开的夜晚
继续在这里入眠

我听见虹江河水在夕阳下流淌
鸡鸭鹅在果树下说着乡音
月光照进河面时
让我收聚起凝望
闭目躺在
唤醒一个人生命的地方
死去又重生
在山的那头等待朝阳泛红
这个世界
让人变得柔软
是有可依着云的地方

田野行

答应我走过这片油菜花田
去对岸的河边坐上小游艇
看丰茂的水草开出天青色的花
花下的鱼儿肥肥
河是鱼的家
枝繁叶深的果树是鸟雀的家
旧曲是时空的家
芦花是故乡的家
那样多的家
可许多的时候
一个人连乡愁也没有